La saison des jeux

En couverture : © Hélène Meunier

Conception graphique : Accent tonique

*Catalogage avant publication de Bibliothèque
et Archives nationales du Québec
et Bibliothèque et Archives Canada*

Bédard, Ghislain, 1967-

La saison des jeux : poèmes et prières d'été

À partir de 6 ans.

ISBN 978-2-89499-082-7

1. Enfants - Prières et dévotions françaises.
2. Bible - Citations - Ouvrages pour la jeunesse.
3. Été - Prières et dévotions françaises -
Ouvrages pour la jeunesse.

I. Pettigrew, Annie, 1979-   . II. Titre.

BV4870.B42 2007   j242'.82   C2007-940627-0

Dépôt légal : 2e trimestre 2007

Bibliothèque et Archives nationales du Québec

© Éditions FPR, 2007

Les Éditions FPR reconnaissent l'aide financière
du Gouvernement du Canada par l'entremise
du Programme d'aide au développement de
l'industrie de l'édition (PADIÉ) pour leurs activités
d'édition.

Les Éditions FPR remercient de leur soutien
financier le Conseil des Arts du Canada et la
Société de développement des entreprises
culturelles du Québec (SODEC).

Les Éditions FPR bénéficient du Programme de
crédit d'impôt pour l'édition de livres du
Gouvernement du Québec, géré par la SODEC.

Imprimé au Canada en juin 2007

Les projets Passages de l'Office
de catéchèse du Québec reçoivent
le soutien financier de l'Ordre des
Chevaliers de Colomb.

La saison des jeux

Poèmes et prières d'été

Ghislain Bédard & Annie Pettigrew

Illustrations : Hélène Meunier

FIDES • MÉDIASPAUL

La saison des jeux

Barbecue, piscine, vélo, soccer, camping. De beaux et grands plaisirs. C'est le temps de profiter des vacances bien méritées : l'été est une saison rêvée ! On peut sortir dehors pieds nus, le soleil se couche tard et les pique-niques sur l'herbe sont les bienvenus… Les poèmes et les prières que contient ce petit livre t'aideront à plonger dans cette saison radieuse de l'été. Ils seront comme des bouquets de fleurs ou de pétillants feux de camp qui pourront t'aider à voir les clins d'œil que Dieu parsème autour de toi.

Que ces mots et ces images, comme la saison des jeux qu'est l'été, t'apportent la joie que promet toute aventure sur les traces de Dieu.

J'aime l'été

Seigneur,

J'aime l'été,
le souffle du vent chaud,
les pique-niques près du ruisseau
et les baignades dans la piscine.

J'aime l'été,
les averses de pluie,
les parties de soccer
et les balades dans les sentiers.

J'aime l'été,
les randonnées de vélo,
les parcs aux grands arbres
et les roulades dans l'herbe.

J'aime l'été,
les tomates juteuses,
les épluchettes de blé d'inde
et les limonades bien fraîches.

Seigneur,

J'aime l'été,
le soleil de l'amitié,
les vagues de bonheur
et la douceur de tes bienfaits.

Jean, l'homme du désert

Un homme crie dans le désert.
Il s'appelle Jean.
Au milieu d'une rivière,
il arrose d'une eau claire
la tête étonnée des gens.

Il les invite à changer d'habit,
à emprunter d'autres chemins
pour se rapprocher du cœur,
bâtir un royaume sans pleurs,
un monde plus humain.

Un homme crie dans le désert.
Il s'appelle Jean.
Un jour nouveau il annonce,
car la misère étend ses ronces.
Il sermonne les dirigeants.

Il promet plus de justice,
d'un homme droit la venue
qui leur proposera d'aimer
même ceux qui sont exclus.
Il le nomme l'Envoyé.

Un homme crie dans le désert.
En juin, c'est son anniversaire,
celui aussi des cœurs sincères.

Moment de prière

Doux moment
sans parole ni mouvement.
Seule ta présence
comme une caresse
enveloppante.

Le plaisir des sens

Sentir
mon crayon à mine qui gratte le papier,
l'eau fraîche qui descend dans l'estomac,
la douceur de mon pyjama au coucher.

Entendre
le doux va-et-vient de ma respiration,
le sifflet du train qui passe au loin,
le chant des grillons les soirs en août.

Goûter
la légère amertume des framboises,
la saveur sucrée des poivrons rouges,
le sel de la sueur qui coule sur le visage.

Voir
les mille et un dessins dans les nuages,
les différentes formes des feuilles d'arbres,
les teintes étonnantes des cailloux.

Sentir
l'arôme de la bonne soupe chaude,
le parfum exquis d'un citron frais,
l'odeur suave du temps avant la pluie.

Dieu sensible et touchant,
merci pour tous mes sens!

13

De gros nuages gris

De gros nuages gris
volent au-dessus de mon lit.
Et je pleure des gouttes de pluie.

Vautré sur mon édredon,
je suis tout en éclairs.
Je fulmine de colère.

Je ne suis pas d'accord.
C'est la tourmente entre nous.
Mon oreiller, je le tors
et je voudrais fuir, mais où ?

Je suis vraiment épuisé
d'avoir autant tempêté.
Je laisse la porte fermée.
La colère semble diminuer.

Le calme vient : l'averse a cessé.
Je décolère petit à petit.
Au-dessus des draps, une éclaircie.

Sur l'autre versant de l'oreiller,
un beau soleil s'est levé…

Les insectes

Les araignées tricotent d'immenses toiles.
Les guêpes s'amusent à compter les pétales.

Les vers de terre labourent les champs.
Les lucioles éclairent les passants.

Les fourmis creusent de longues galeries.
Les grillons entonnent leurs joyeux cris.

Les coccinelles aux pucerons font la guerre.
Les libellules agitent leurs ailes de verre.

Les chenilles se déguisent en monarques.
Les patineurs n'ont pas besoin de barques.

Tous ces petits artistes libres
exécutent un travail minutieux,
dans l'ombre, font de leur mieux
pour maintenir l'équilibre.

Jésus disait :

Vous êtes la lumière du monde. Une ville
située sur une montagne ne peut être cachée.
Et l'on n'allume pas une lampe pour la mettre
sous le boisseau ; on la met sur le lampadaire,
et elle brille pour tous ceux qui sont dans la
maison.

Matthieu 5, 14-15

Le cercle de la vie

Prière d'inspiration autochtone

Grand Esprit de la Terre,
tu nourris tous les êtres vivants
et tu nous offres avec générosité
le maïs, les bouleaux et les truites.
Merci, grand Esprit.

En retour, nous prendrons bien soin
de ces offrandes confiées à nos mains.

Grand Esprit du Feu,
tu fais se lever le soleil
et tu nous offres avec bonté
les étoiles et la frêle lueur de la lune.
Merci, grand Esprit.

En retour, nous serons lumière et chaleur
pour nos frères et nos sœurs.

Grand Esprit de l'Eau,
tu fais couler le fleuve et les rivières
et tu nous offres avec largesse
l'eau vive qui étanche nos soifs.
Merci, grand Esprit.

En retour, nous serons comme l'eau claire
pour nos amis qui vivent le désert.

Grand Esprit du Vent,
tu fais voyager le temps et les saisons
et tu nous offres avec bonheur
la douce musique et le souffle de vie.
Merci, grand Esprit.

En retour, nous serons souffle et poumon
pour qui a besoin d'inspiration.

Un homme extraordinaire

Il était une fois
un homme pas comme les autres
qui allait de village en village
pour parler d'amour.

Il aimait parler aux mendiants,
prendre dans ses bras les éclopés,
manger chez les voleurs
et réconforter les prostituées.
Et tous les enfants,
riches ou pauvres,
venaient jouer avec lui.
Tous ceux que personne n'aimait,
toutes celles que tous rejetaient,
il ne les jugeait pas,
il les aimait.

Il était une fois
un homme qui s'appelait Jésus
et qui encore aujourd'hui
aime ceux et celles
que tous rejettent.

Un arbre est tombé

Hier, une amie m'a raconté
que, derrière sa maisonnette,
à l'orée de la forêt d'épinettes,
un peuplier noir avait poussé.

Son tronc racontait des histoires
de temps anciens et d'espoirs.
Ses feuilles en forme de pique
ébruitaient des secrets magiques.

Une nuit, un coup l'a frappé.
De son bois, on voulait s'emparer.
L'arbre est tombé, bientôt vaincu.
Sans hésiter, on l'avait abattu !

Mon amie m'a alors raconté
que ce jour-là elle a pleuré
l'arbre ancien et tant aimé
qu'elle aurait voulu protéger.

Toi, Dieu des quatre saisons,
des arbres et des bourgeons,
inspire-nous le respect de la nature,
de soi-même et de toute créature.

Les amoureux

Je connais deux amoureux
qui se sont mariés cet été.
C'était un très beau mariage :
il y avait des fleurs blanches,
des ballons roses et bleus
et de belles robes de princesse.
Mais le plus beau,
ce sont les millions de cœurs
que j'ai vu dans leurs sourires.

Il parait qu'il faut être un peu fou
pour dire «je t'aime» pour toujours.
Il faut croire qu'il existe
un amour qui nous dépasse,
un amour plus fort
que les chicanes de grands,
un amour plus solide
que le temps qui passe.

J'étais là
quand ils ont promis
qu'ils allaient s'aimer
pour toute la vie.

Et le plus beau,
c'était le clin d'œil de Dieu
que j'ai deviné
dans leurs regards amoureux.

Les orages

Dieu, je me sens tout petit
quand un gros nuage gris nous menace.
Un frisson me parcourt le dos.

Dieu, je me sens tout petit
quand la pluie tombe comme des clous.
L'humidité transit mes os.

Dieu, je me sens tout petit
quand le tonnerre frappe ses timbales.
Le bruit me fait sursauter.

Dieu, je me sens tout petit
quand les éclairs aveuglent le ciel.
La peur blêmit mon visage.

Dieu, je me sens tout petit
quand les rafales agitent les branches.
Le souffle me manque.

De jour comme de nuit, papa le dit,
les orages sont plein de magie.
Ils sont apeurants, je trouve aussi.

Dieu, maître du temps,
je t'en prie, reste ici !

Histoire d'une pierre

Une pierre, c'est rien, aussi dur que l'acier,
mais savez-vous un brin son histoire mouvementée ?

Elle est née de l'espace ; elle a vu les volcans,
le ventre de la Terre et ses mille tremblements.

Elle a formé les montagnes, a roulé sous les glaciers.
Elle a rejoint ses sœurs sur les berges des rivières.

Un jour, devenue galet, un homme l'a lancée.
Elle a bondi trois fois, a plongé sous l'eau bleutée.

Puis l'eau s'est asséchée ; on a creusé un chantier.
Des pelles l'ont ramassée et elle a bordé les allées.

Seigneur, des siècles elle a vus, elle connaît le passé.
Et elle verra l'avenir, cette pierre d'éternité.

Elle est plus vieille et sage que tous les vivants.
Comme elle, apprends-moi la patience du temps.

Jésus disait :

Je vous donne un commandement nouveau : c'est de vous aimer les uns les autres. Comme je vous ai aimés, vous aussi aimez-vous les uns les autres. Ce qui montrera à tous que vous êtes mes disciples, c'est l'amour que vous aurez les uns pour les autres.

Jean 13, 34-35

La saison des jeux

Je joue à la marelle ou au ballon
et j'imite les géants ou les dragons.
On fait des parties de méli-mélo
ou encore des courses de chevaux.

Nos jeux préférés, à mes amis et moi,
sont les quatre coins et la quête des rois.
Nos récits de cavernes perdues sont inouïs.
Je voudrais m'amuser jusqu'à minuit !

Seigneur, quand tu joues avec nous,
de la victoire, je sais, tu te fous.
Plus que de perdre ou de gagner,
l'important est de participer.

Des vacances ratées ?

Dans la piscine cet été,
je me suis heurté le nez.
Avec mon frère et ma sœur,
je me suis chamaillé.

Sous une averse imprévue,
je me suis fait mouiller.
Au camping Sous le vent,
notre tente s'est envolée.

Puis en ramant sur le lac,
notre canot a pris l'eau.
Sur la route du chalet,
l'auto a eu une crevaison.

Enfin, en jouant au soccer,
je me suis cassé le tibia.
Je suis quelqu'un d'étourdi,
un peu casse-cou, je l'avoue.

Mais tout compte fait, oui,
malgré toutes ces péripéties,
ce ne sont pas des vacances ratées,
mais les plus belles que j'aie passées.

Merci, Seigneur, mon ami bien-aimé,
car, avec toi, je vois la vie du bon côté.

Toi mon corps

Toi mon corps, tu as des os endurcis,
un cœur qui bat et pompe le sang,
des muscles agiles bourrés d'énergie.
Pour me faire vivre, tu travailles tant.

Toi mon corps, tu as un cerveau
qui contrôle tous mes mouvements.
Grâce à lui, je suis ému, j'apprends,
je me souviens, je dis des mots.

Toi mon corps, tu utilises cinq sens
avec lesquels je peux voir le ciel,
sentir le parfum, goûter le miel,
toucher un chat, entendre le vent.

Toi mon corps, tu es ingénieux.
Tu me permets de rire, de bouger,
de fêter, de danser et de m'amuser.
Aucune machine ne fait mieux.

Toi mon corps, tu es unique.
Je t'aime différent, tel que tu es,
même si tu n'es pas parfait
avec ton nez rougi qui pique.

Toi mon corps, tu peux récupérer.
Si je me coupe, tu refermes la plaie.
Je prendrai soin de toi pour vrai.
T'écouter, c'est choisir la santé.

À Dieu, je dis merci
pour ce cadeau de la vie.

Grand-maman

Grand-maman a des fils d'argent dans les cheveux
et des petites rivières au coin des yeux.

Ensemble, nous nous couchons dans le gazon
pour regarder les nuages.
L'histoire de grand-maman y est dessinée.

Quand elle entrevoit un mouton,
elle me raconte son enfance sur la ferme,
lorsqu'elle n'était pas plus grande que moi.

Quand elle devine un chapeau melon,
elle me parle de son amour : grand-papa,
et du jour où elle ira vivre avec lui
derrière les nuages.

La mort, ce n'est pas triste, me dit-elle souvent,
c'est comme de s'endormir
dans les bras du Bon Dieu
pour faire de très, très beaux rêves.

Grand-maman, elle comprend tout.
Et elle fait les meilleurs biscuits à la mélasse de tout l'univers.
Toute ma vie, lorsque je regarderai les nuages,
je ferai une prière en pensant à elle.

Danse

Dansez mes pieds.
J'ai le goût de bouger.
Une envie de m'exprimer.

Danse mon corps.
Je saute et j'ai du ressort.
Un mouvement vers le dehors.

Danse ma tête.
C'est un matin de fête.
Une explosion de bien-être.

Danse mon cœur,
au rythme du bonheur.
Je sens la joie intérieure.

Danse mon âme.
Je verse une larme.
Son mystère me désarme.

Danse ma vie.
Ton élan me saisit.
Et ton souffle me nourrit…

Hildegarde

Elle écrit hymnes et sonnets,
de la Création loue les bienfaits.
De la science elle a l'attrait,
de l'univers sait les secrets.

Une dame admirable
vivait près de Bingen.
La moniale Hildegarde
est une grande musicienne.

Elle cultive toutes les plantes
et concocte de doux remèdes.
Aux étrangers offre son aide
et soigne les âmes souffrantes.

Une dame admirable
vivait à deux pas du Rhin.
L'abbesse Hildegarde
est un sage médecin.

Elle enseigne les rois du temps,
la consultent les plus grands.
Dieu dessine en elle des images.
Des visions d'avenir elle propage.

Une dame admirable
vivait près du mystère.
La grande Hildegarde
est de Dieu la messagère.

Dieu tout bas dicte ses souhaits.
De monastères elle bâtit le projet,
de lieux de paix, d'art et de prière
où la beauté apaisera les misères.

Une dame admirable
suivait le chant de son âme.
Car l'humble Hildegarde
est une ardente flamme.

Table des matières

Ce livre a été imprimé en juin 2007
sur les presses de Impart Litho
Victoriaville (Québec)